Inhaltsverzeichnis

Abbildungsverzeichnis 2

Abstract 3

1 Einleitung 4

1.1 Aufbau der Seminararbeit 4

1.2 Fragestellung und Hypothese 5

2 Fragestellung der Motivationspsychologie 5

2.1 Der Begriff „Motiv" 6

2.2 Motivationstheorien 6

2.2.1 Das hierarchische Motivationsmodel von Abraham Maslow 6

2.2.2 Die Zwei-Faktoren-Theorie von Frederick Herzberg 7

2.2.3 Die X&Y Theorie nach McGregor & Steinle 10

2.2.4 Managementtheorie von Reinhard K. Sprenger 11

2.3 Was ist Motivation 12

2.3.1 Intrinsische und extrinsische Motivation 13

2.3.2 Intrinsische Motivation 14

2.3.3 Extrinsische Motivation 15

3 Motivationsinstrumente 16

3.1 Wirkung von Motivationsinstrumenten 16

3.2 Grenzen der Arbeitsmotivation 17

4 Beeinflussung der Arbeitsmotivation durch die Führungskräfte 17

4.1 Erkennen der verschiedenen Motivationen 20

4.2 Steuerung der intrinsischen Motivation 21

4.3 Zusammenhang von Zufriedenheit, Leistung und Motivation 23

5 Auswertung 25

6 Fazit 26

Quellenverzeichnis 28

Abbildungsverzeichnis

Abbildung 1: Werth Bedürfnispyramide 7

Abbildung 2: Herzberg Hygienefaktoren 8

Abbildung 3: X&Y Theorie nach McGregor & Steinle 10

Abbildung 4: Befriedigung eines Bedürfnisses 12

Abbildung 5: Barbuto die 5 Quellen der Motivation 13

Abbildung 6: Reinhardt intrinsische Motivation 14

Abbildung 7: Bohinc extrinsische Motivation 15

Abbildung 8: Hay Group Kündigungsgründe 18

Abbildung 9: von Kanitz verschiedenen Motivationen 20

Abbildung 10: intrinsische Motivationen auslösen und fördern 22

Abbildung 11: intrinsische Motivationen auslösen und fördern 23

Abbildung 12: Comelli & von Rosenstiel Führungsbusen 24

Abstract

Eine Motivation, die bereits im Mensch vorhanden ist und von sich heraus entsteht, wird als intrinsische Motivation bezeichnet. Unabhängig von Belohnung und anderen äusseren Faktoren ist dieses Handeln intrinsisch motiviert, denn es wird um seiner selbst willen vollzogen. Das Potential und die grosse Kraft der intrinsischen Motivation zeigt unsere Lebenserfahrung: wenn die Tätigkeit mit Spass und Enthusiasmus ausgeführt wird, ist der Erfolg grösser, als wenn eine Person durch äussere Umstände zum Handeln gezwungen wird. Vor allem kreative Leistungen profitieren von der intrinsischen Motivation. Denn die Kreativität muss von innen heraus entstehen und kann von aussen weder beeinflusst noch gesteuert werden.

Grosse renommierte Unternehmungen haben erkannt, dass mittels intrinsischer Motivatoren die Zufriedenheit und die Arbeitsleistung der Mitarbeitenden gezielt gesteigert werden kann. Mitarbeitende, welche mit Freude dabei sind, weil die Aufgabe sie erfüllt und sie darin auch eine sinnvolle Tätigkeit erkennen, werden auch bereit sein ihren vollen Einsatz zu geben und auch Überstunden zu leisten, sofern diese notwendig sind. Das Unternehmen kann die intrinsische Motivation gezielt erhöhen, indem das Arbeitsumfeld und die Arbeitsabläufe so gestaltet werden, dass sich die Mitarbeitenden wohl fühlen und in einem freundlich motivierten Umfeld arbeiten können.

1 Einleitung

Wenn wir von Motivationen sprechen, so ist die Bedeutung für jeden Menschen unterschiedlich. Der Begriff „Motivation" ist omnipräsent. Sei es in der Arbeitswelt oder im privaten Umfeld. Die heutige Gesellschaft will Höchstleistungen ohne wenn und aber. Das Streben nach neuen Zielen ist ein Impuls, der uns täglich anspornt und uns die benötigte Treibkraft gibt. Unser Verhalten wird nicht nur von der Motivation gelenkt. Wichtige Faktoren wie Kompetenzen und soziales Dürfen dürfen nicht vernachlässigt werden. Sie sind ein wichtiger Bestandteil unseres Verhaltens und unseres Antriebes.

Emotionale Abläufe werden primär im Bewusstsein des Menschen gesteuert und logisches Denken wird unbewusst ausser Acht gelassen. Starke Persönlichkeiten werden gefördert, in der Gesellschaft respektiert und anerkannt. Labile Menschen ersticken am wachsenden Leistungsdruck. Sie erkranken an den heute schon fast üblichen Krankheiten wie Stress und Burnout oder sie werden gegenüber Ihrem Umfeld gleichgültig und banal.

„Choose your Attitude" ist der Satz der mich fasziniert und welchen wir uns jeden morgen beim Aufstehen immer wieder einprägen sollten. Nicht jede Person kann sich ihre Arbeit aussuchen, jedoch hat jede Person die Entscheidungswahl wie sie seine Tätigkeit ausführen möchte. Genau diese Philosophie beschreibt das aussergewöhnliche Fish Motivationsbuch. Doch wie können wir uns aus vorhandener Lethargie, Unzufriedenheit und Passivität befreien? Wie können Führungskräfte ihre Mitarbeitenden motivieren, damit sich diese mehr für das Unternehmen engagieren und Spass an der Tätigkeit haben. Genau mit diesen Fragen beschäftigt sich die vorliegende Semesterarbeit, denn ich bin überzeugt, engagierte und motivierte Mitarbeitende sind die Drehscheibe jeden Unternehmens. Genau diese Mitarbeitenden arbeiten mit Herz und Seele. Sie fördern bewusst die Zufriedenheit des Arbeitsumfeldes und damit letztlich auch den Erfolg eines Unternehmens.

1.1 Aufbau der Seminararbeit

Die vorliegende Seminararbeit gliedert sich in sechs Bereiche. Neben der Einleitung, in welcher den Lesern ein kurzer Einblick in die Materie der Motivation gewährt wird, werden die Zielsetzungen der Semesterarbeit samt Fragestellung erläutert und die Hypothese festgelegt. Im Kapitel zwei wird mittels Literaturrecherche der Fokus auf das konzeptionelle Fundament der Thematik der Motivation aufgezeigt. Im Kapitel drei werden die Führungsinstrumente und deren Wirkung aufgezeigt. Das Kapitel vier befasst sich mit der Darstellung der Beeinflussung, der Erkennung, der Steuerung und der Auswirkungen von unterschiedlichen Motivatoren durch die Führungskräfte. Die Auswertung der Ergebnisse aus Literatur, die kritische Gegenüberstellung mit der Fragestellung und der aufgestellten Hypothese werden im Kapitel fünf erörtert und den Lesern aufgezeigt. Im Fazit wird die Quintessenz der Seminararbeit gezogen und eine Empfehlung für mögliche weiterführende Forschungen in diesem Fachbereich abgegeben.

1.2 Fragestellung und Hypothese

Im Rahmen der vorliegenden Seminararbeit werden folgende Forschungsfragen formuliert und beantwortet:

- Sind Mitarbeitende mittels intrinsischer Motivatoren positiv beeinflussbar?
- Sind intrinsische Motivatoren geeignete Führungsinstrumente?

Bezugnehmend auf die oben erwähnten Fragen wird folgende Hypothese aufgestellt:

„Gezieltes fördern der Intrinsischen Motivation verhilft Führungskräfte zu engagierten Mitarbeitenden."

2 Fragestellung der Motivationspsychologie

Haben Sie sich schon mal gefragt warum Sie gerade jetzt meine Semesterarbeit lesen, statt irgendwas anderes – viel Spannenderes und Schöneres – zu unternehmen? Die Reaktionen und Ergebnisse werden je nach Ansporn ganz verschieden sein. Vielleicht interessieren Sie sich wirklich für das Thema Motivation, vielleicht müssen Sie eintönige Wartezeit überbrücken, vielleicht ist es auch eine Aufgabe innerhalb Ihrer Tätigkeit oder Sie lesen einfach gerne. Egal welches Feedback Sie nun geben werden, genau jetzt betreiben Sie Motivationspsychologie. Jede Tätigkeit, welche wir ausüben basiert auf Gründe, welche unser Verhalten steuern. Grundlegend ganz einfach mag man denken, bei näherer Betrachtung zeigen sich die Komplexität und der Punctus Cnactus in seiner ganzen Pracht. Die Komplikation liegt in unserem Verhalten, welches wir teilweise unbewusst unserem angestrebten Ziele unterwerfen. Dieser Effekt zeigt sich vor allem bei Routinehandlungen oder bei Reflexhandlungen, denn in diesem Fall reagieren wir ganz automatisch obwohl wir keine Zielerreichung absichtlich verfolgen. Normalerweise verfolgen wir ein spezifisches Ziel und steuern so unsere Aktivität und Motivation. Doch welchen Anreiz benötigen respektive befriedigen wir? Genügt uns die Satisfaktion unserer emotionalen und affektiven Befindlichkeiten? Oder möchten wir unser Selbst- und Weltverständnis mittels Kognitionen verbinden? Eine wichtige Frage, welche wir in der Motivationspsychologie nicht ausser Acht lassen dürfen, ist die momentane Lebenssituation und auch der Verfassungszustand jeder einzelnen Person. Ergo befasst sich die Motivationspsychologie mit der Erklärung die Richtung, die Ausdauer und die Intensität von Verhalten zu erklären. (Rheinberg & Vollmeyer, 2012, S.11-12)

2.1 Der Begriff „Motiv"

Motus ist der lateinische Ausdruck für den Begriff Motiv. Er kann mit Bewegung und Antrieb umschrieben werden. Es ist ein Bedürfnis, ein Ansporn, ein Antrieb oder einfach nur ein Beweggrund, um das Verhalten einer Person und die Person als solche dynamisch anzutreiben. Jede Person verspürt den Drang nach „ich will leben". Dazu gehören sowohl Luft, Nahrungsmitteln, Sonne als auch die Einflussnahme oder die menschliche Zuwendung. Dies sind nur einige von vielen Motiven. Die bereits aufgeführten Motive mobilisieren und prägen das zielgerichtete menschliche Verhalten. (Kempe & Kramer, 1993, S. 9)

Zwischen der wahrgenommenen Mangelerscheinung und der Befriedigung findet ein subjektives Wechselspiel statt. Solange das Motiv nicht als zu stark empfunden wird, ist es nur unterschwellig vorhanden und wirkt sich somit auf den Habitus des Menschen aus. (Jung, 2008, S. 367)

Zahlreiche Motive sichern das Fortbestehen der menschlichen Spezies, denn in den Genen sind seit Geburt zahlreiche Motive vorhanden, welche auch durch Erfahrungen unserer Vorfahren geprägt wurden. Für die Motivbefriedigung gibt es weder Regeln noch Normen. Jedem Menschen steht die Wahl der Motivationsbefriedigung offen. Im Regelfall wird die Person den Weg, der schnellstmöglichen und zuverlässigen Zielerreichung wählen und einschlagen. (Comelli & von Rosenstiel, 2009, S. 20)

Empfindet eine Person beispielsweise einen Mangel in Form von Durst, so wird diese davon ausgehen, dass ein kühles Getränk aus dem Kühlschrank den Durst löscht und somit den bestehenden Mangel beseitigt. Dabei ist die Erwartung, dass diese Handlung zum Ziel führt von enormer Bedeutung. (von Rosenstiel, Regnet & Domsch, 2003)

2.2 Motivationstheorien

Es gibt viele Motivationstheorien, welche von Herzberg bis Maslow reichen. Als Paradebeispiel wird in den Motivationstheorien die Bedürfnishierarchie von Abraham H. Maslow erwähnt. Obwohl die Bedürfnishierarchie nicht empirisch widerlegt ist, gehört Abraham Harold Maslow zu den Hauptvertretern der Motivationstheorien.

2.2.1 Das hierarchische Motivationsmodel von Abraham Maslow

Maslow veröffentlicht 1954 das Buch „Motivation und Personality" zu diesem Thema, welches sich sehr schnell auf dem Markt verbreitet. Sein zentraler Erklärungsbegriff ist eine Hierarchie der menschlichen Bedürfnisse, bei dem höhere Bedürfnisse erst erfüllt werden können, wenn niedrigere Bedürfnisse ausreichend befriedigt sind. Maslow entwickelt zur Darstellung eine Bedürfnispyramide. (Heckhausen, 2006)

Abbildung 1: Quelle: Eigene Darstellung in Anlehnung an Werth, 2010, S.192

Die Bedürfnispyramide ist hierarchisch in fünf sogenannten Bedürfnisklassen gegliedert. Die erste, sprich die unterste Ebene, ist mit den psychologischen Motiven angeordnet. Auf der obersten Ebene befinden sich die Selbstverwirklichungsmotive. Geht man nach dieser Theorie, so werden wir zum Handeln motiviert, solange unser Bedürfnis vorhanden und noch nicht befriedigt ist. Auf Grund des hierarchischen Aufbaues, werden die nächst höheren Bedürfnisklassen erst aktiviert, wenn die Bedürfnisse unterhalb befriedigt sind. Die Pyramidendarstellung kann jedoch auch durch die statische Sicht fehlinterpretiert werden, denn aus der Darstellung wird dem Leser eine 100% Erfüllung der Bedürfnisse suggeriert, bevor die Bedürfnisklasse gewechselt werden kann. Trotz der starken Verbreitung und Beliebtheit der Maslow Theorie, kann weder der individuelle Leistungsunterschied noch die konkrete Verhaltensweise erklärt werden. Nach Huizinga 1970, Kanfer 1990 und von Rosenstiel 1975 kann die Theorie empirisch nicht bestätigt werden. Die Theorie von Maslow kann nicht als Erklärungsmodell motivationaler Prozesse betrachtet werden, sondern gilt als eigentliche Erklärung der Taxonomie menschlicher Motive. (Werth, 2010, S. 191-192)

2.2.2 Die Zwei-Faktoren-Theorie von Frederick Herzberg

Herzberg postuliert 1967 die Zwei-Faktoren-Theorie der Motivation (Motivator-Hygiene-Theorie). Dies ist eine empirisch dargelegte Inhaltstheorie der Motivation. Für Herzberg stand die Frage nach der Arbeitsmotivation im Fokus. Warum ist eine Person innerhalb seiner Arbeitstätigkeit motiviert oder demotiviert. (Herzberg, Mausner & Snyderman, 1959)

Frederick Herzberg et al. führte bei insgesamt 1685 Probanden aus unterschiedlichen Branchen und Positionen eine Befragung basierend auf der Methode der Kritischen Ergebnisse (Critical Incident Technique) durch. Um herauszufinden durch welche Faktoren die Zufriedenheit respektive die Unzufriedenheit beeinflusst werden, basierte die Umfrage auf der Methode der kritischen Ereignisse. (Haarhaus, 2015)

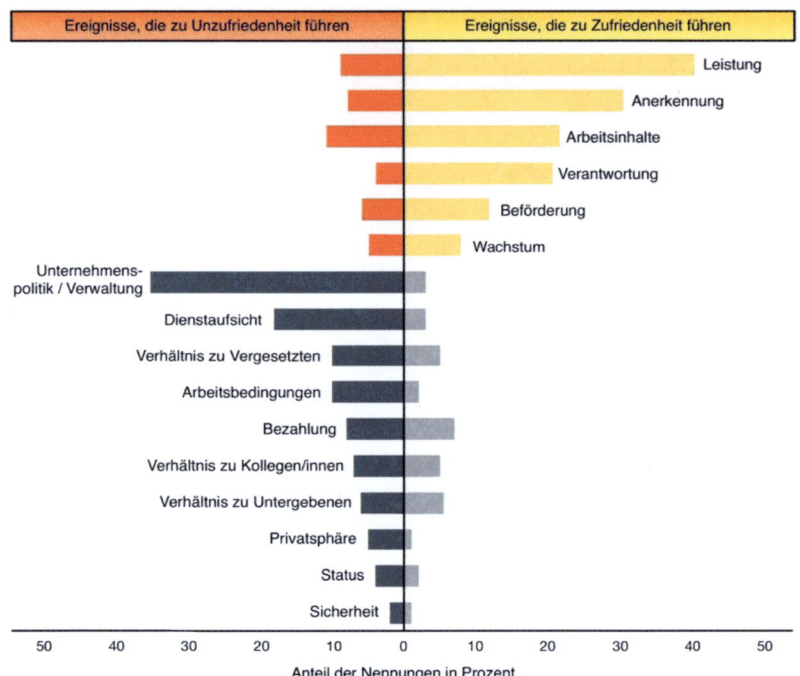

Abbildung 2: Quelle: Darstellung entnommen aus http://arbeitszufriedenheit.net/wp-content/uploads/2015/ 01/ Herzberg.png

Als Hygienefaktoren können die bereinigten und entfernten Störfaktoren im Umfeld des Menschen betrachtet werden. Wenn zum Beispiel die Sicherheit der Arbeitsstelle, das Gehalt, die Personalpolitik, das Arbeitsumfeld und die zwischenmenschliche Beziehung als ausgeglichen bezeichnet werden, so ist der Mensch weder unzufrieden noch zufrieden.

Der Arbeitsinhalt ist der wesentliche Kern für die eigentliche Motivation zur Leistung. Diese sogenannten Motivatoren beeinflussen die Zufriedenheit, das Fehlen jedoch nicht gezwungenermassen zur Unzufriedenheit. Diese sogenannten Motivatoren beziehen sich in der Regel auf die Selbstachtungs- und Selbstverwirklichungsbedürfnisse und können zur positiven Motivation beitragen. (House & Wigdor, 1967, S. 369-390)

Die Interaktion von Hygienefaktoren und Motivatoren kann folgende Situationen aufzeigen:
➢ Hohe Hygiene und hohe Motivation
Die perfekte Situation durch hoch motivierte und immer präsente Mitarbeitende
➢ Hohe Hygiene und geringe Motivation
Die reguläre Situation durch präsente jedoch unmotivierte Mitarbeitende
➢ Geringe Hygiene und hohe Motivation
Die kritische Situation durch spannenden und herausfordernden Arbeitsinhalt jedoch mit schlechtem Arbeitsumfeld
➢ Geringe Hygiene und geringe Motivation
Die schlechteste Situation durch unmotivierten Mitarbeitenden mit vielen Beschwerden

Die Zwei-Faktoren-Theorie wurde bezüglich den methodischen und inhaltlichen Teilen immer öfters kritisiert und hinterfragt. Die Unterscheidung der beiden Eigenschaften der Hygienefaktoren (unzufrieden – nicht zufrieden) und Motivatoren (nicht zufrieden – zufrieden) war und ist alles andere als eindeutig. Die Kritiker House & Wigdor (1967) werteten die Originaldaten erneut aus. Als Résumé wurde vorgestellt, dass Leistung und Motivatoren häufiger die Ursachen für Unzufriedenheit sind als die Hygienefaktoren, welche als Beispiel das Verhältnis zu den Vorgesetzen und den Arbeitsbedingungen aufzeigen. Der Klassifikation ist daher eine gewisse Willkürlichkeit anzulasten. (House & Wigdor, 1967, S. 369-390)

Interessant ist aber auch der dargelegte Kritikpunkt, dass bei Erfolgen zufriedene Menschen diesen Erfolg auf ihre eigene Leistung abstellen, bei Misserfolgen die Schuld eher der Umwelt zuschreiben, wie ein schlechtes Arbeitsumfeld oder die ungeeignete Führung. (Vroom, 1964)

Dank der Studie von Credé, Chernyshenko, Bagraim, & Sully (2009) wurde die Zwei-Faktoren-Theorie, welche durch Dunnette und Kollegen in den 60er Jahren begraben worden war, wieder in der Fachwelt zum renommierten Thema. Durch Faktorenanalysen konnten die Autoren klären, dass sich Fragen zur Zufriedenheit und zur Unzufriedenheit auf unterschiedlichen Faktoren beziehen und dass die beiden so gebildeten Subskalen unterschiedlich mit positiven und negativen Verhaltensweisen zusammenhängen. So wird die Zufriedenheit vor allem mit positivem Verhalten (wie helfen und unterstützen), die Unzufriedenheit hingegen mit negativem Verhalten (wie streiten und faulenzen) in Zusammenhang gebracht. Dass Zufriedenheit und Unzufriedenheit unterschiedliche Konstrukte darlegen, war die Schlussfolgerung der Autoren.

Kam und Meyer (2015) zweifelten an diesem Ergebnis und machten methodische Mängel in der Arbeit von Credé und Kollegen dafür verantwortlich. Sie vermuteten, dass die Ergebnisse durch achtloses Antwortverhaltens (wie ständiges Zustimmen ohne die Items zu lesen) verfälscht wurden. Sie repetierten die Studie und kontrollierten dabei den Einfluss des Antwortverhaltens. Interessanterweise konnte die erneute Studie tatsächlich aufzeigen, dass ohne den Einfluss des Antwortverhaltens keine zwei Faktoren gefunden werden konnten. Auch die unterschiedlichen Zusammenhänge von Zufriedenheit- und Unzufriedenheits-Items zu anderen Konstrukten ergaben sich vor allem bei Personen, die den Fragebogen nachlässig beantwortet hatten. Die zweidimensionale Konzeption von Arbeitszufriedenheit bleibt somit weiterhin zweifelhaft. (Kam & Meyer, 2015)

2.2.3 Die X&Y Theorie nach McGregor & Steinle

1960 entwarf McGregor die sogenannte X und Y Theorie. Bei dieser Theorie handelt es sich um das optimistische und das pessimistische Menschenbild (Schierenbeck, 1999).

Nach der X Theorie ist der Durchschnittsmensch träge und geht der Arbeit so weit wie möglich aus dem Weg. Diese Menschen haben wenig Ehrgeiz und selbst ein guter Lohn und attraktive Arbeitsbedingungen vermögen diese Einstellung nicht zu ändern. Diese Menschen möchten gezielt angeleitet werden und keine Verantwortung übernehmen. Das Minimum der Leistung- und Zielerreichung wird mittels Druck und Sanktionen durchgesetzt.

McGregor postuliert demgegenüber die Y Theorie als ein optimistischeres Bild vom Menschen. Diamental ist es mit der X Theorie entgegengesetzt und durch Merkmale gekennzeichnet, wie es auch die Grundlagen für moderne Führungskonzeptionen bilden, die auf Integration, Partizipation und Prinzipien der Selbstverantwortung beruhen. (Schierenbeck, 1999)

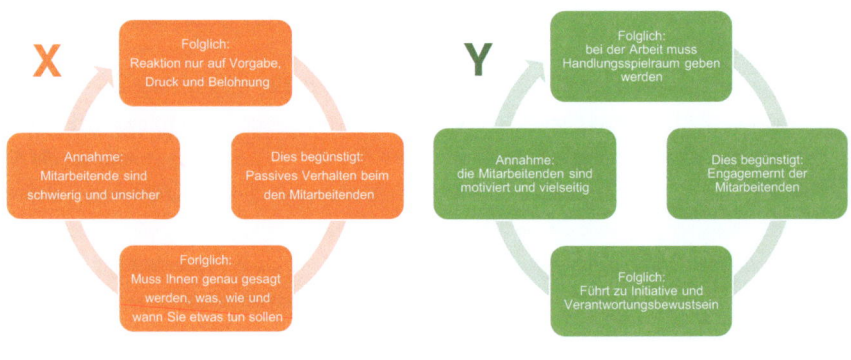

Abbildung 3: Quelle: Eigene Darstellung in Anlehnung an http://www.management-coaching.org/toolbox/ newsletter/management-letter-11-xy-theorie-nach-mcgregor

Da die modernen Motivationstheorien auf der Y-Theorie basieren, formuliert Steinle folgende These:

„Menschliches Verhalten ist auf die Befriedigung von Motiven gerichtet. Eine mangelnde Befriedigung, wie auch eine lang anhaltende Behinderung der Befriedigung von Motiven, wird als unangenehm oder bedrohlich empfunden und begünstigt Störungen im Managementprozess" (Schierenbeck, 1999, S. 171).

Steinle deduziert, Personalführung ist auf die Interessen und auf die Befriedigung von Bedürfnissen auszurichten. Der monetäre und nicht monetäre Anreiz dient nur dem Ziel, Motivation bei Mitarbeitenden kurzfristig zu steigern. Schierenbeck (1999) nennt folgende Elemente als Anreizsystem: Mitgestaltungs- und Mitspracherecht, Aufstiegsmöglichkeiten, Arbeitsbedingungen, Entlohnung, Betriebsklima und persönliche Anerkennung. Die Forschungserkenntnisse untermauern, dass Mitarbeitende, welche bei ihrer Arbeit für die Verwirklichung ihrer persönlichen Ziele faire Chancen sehen, von sich aus in einem hohen Umfang motivierter sind. (Schierenbeck, 1999)

2.2.4 Managementtheorie von Reinhard K. Sprenger

Sprenger vertritt seine Meinung, dass schon der Versuch Mitarbeitende zu motivieren missglücken muss. Er ist der Ansicht, dass sämtliche Motivatoren auf der extrinsische Motivation basieren. (Sprenger, 2014) Reinhard K. Sprenger beruft sich auf folgendes Urteil:

„Der Mitarbeiter ist nicht bereit, 100% dessen, was er leisten könnte zu leisten; deshalb muss ich ihn motivieren, mehr zu leisten" (Ulrich, 2013).

Er differenziert Motivation und Motivierung, denn Motivation ist ein Zustand, den die Mitarbeitenden erreichen wollen. Motivation kommt von innen. Bei der Motivierung wird von aussen versucht ein Motiv bei dem Mitarbeitenden zu erzeugen. Die Stärke der Motivation wird auch als Triebstärke bezeichnet und die Motivierung als Reizstärke. Die Erschwernis liegt darin, dass Mitarbeitende auf dieses Misstrauen reagieren, da es ihnen bewusst oder unbewusst auffällt. (Sprenger, 2014)

Viele heutige Unternehmungen pflegen entweder bewusst oder unbewusst eine Unternehmenskultur. Diese prägt die Arbeitsqualität, die Arbeitsintensität, die Arbeitsmotivation und das Betriebsklima.

Diese These kann wie folgt veranschaulicht werden: Stimmt einer ihrer Mitarbeitenden zu, eine Tätigkeit auszuführen und wird für die Ausführung dieser Tätigkeit gleichzeitig eine Bestrafung, Bestechung oder eine Belohnung in Aussicht gestellt, so wird der Mitarbeitende nach den Motiven fragen. Unabhängig welche Auswirkung seine Motivierung hat, ob positiv oder negativ, unterstellt dieses Angebot, dass der Mitarbeitende nicht sein ganzes Wissen, seine Fähigkeiten und die volle Arbeitsleistung ohne Motivierung in die Aufgabe einbringt. Diese Vorgehensweise basiert auf der Thematik der Verdachtskultur. Die Führung oder die Vorgesetzten gehen davon aus respektive verdächtigen den Mitarbeitenden, dass er nicht seine volle Leistung ohne Anreize erbringt. (Ulrich, 2013)

2.3 Was ist Motivation

„Motivation ist die innere Bereitschaft, bestimmte Verhaltensweisen zu zeigen oder bestimmte Handlungen auszuführen" (wfv-werkstatt, 2014).

Für den Begriff Motivation gibt es unterschiedliche Interpretationen. Infolge dieser beachtlichen Auslegungsbandbreite sind Verständigungsprobleme vorprogrammiert. Sich mit der Materie zu beschäftigen ist unabdingbar. (Comelli & von Rosenstiel, 2009, S. 20)

Im Grunde genommen sind wir uns diesen Bereitschaften nicht bewusst. Sie finden Ihren Ursprung in unserer genetischen Veranlagung oder sie sind im Laufe unserer Evolution durch die Umwelt geprägt worden. Bestimmte Impulse können die Motivationen von aussen verstärken, beeinflussen oder sogar auslösen.

Um unsere Bedürfnisse zu befriedigen, ist im Prinzip der starke Trieb oder Ansporn, der Motor unserer Motivation. (wfv-werkstatt, 2014)

Als Schlussfolgerung kann die Motivation wie folgt beschrieben werden: Motivation wird durch ein Bedürfnis bewusst oder unbewusst ausgelöst. Ein Bedürfnis entsteht aus einem Gefühl des Defizites, mit dem Wunsch dieses Defizit zu beseitigen. Da die Bedürfnisse von Mensch zu Mensch unterschiedlich sind, wird die Motivation auch unterschiedlich ausgelöst. In der folgenden Grafik ist ein Beispiel für die Befriedigung eines Bedürfnisses aufgezeigt:

Abbildung 4: Eigene Darstellung

2.3.1 Intrinsische und extrinsische Motivation

Die Motivation kann im Grunde in zwei Bereiche unterteilt werden, das heisst es wird von intrinsischer und extrinsischer Motivation gesprochen. Bei der intrinsischen Motivation handelt es sich um Motivatoren, welche von innen her kommend bezeichnet werden. Bei den extrinsischen Motivatoren sprechen wir von Faktoren, welche uns von aussen her kommend beeinflussen. 1998 unterscheiden John Barbuto und Richard Scholl in ihrer neuen Motivationsforschung zwischen zwei intrinsischen und drei extrinsischen Quellen der Motivation. John Barbuto und Richard Scholl untersuchen die bedeutendsten Motivationstheorien und entwickeln zusammen das Konzept der „Fünf Quellen der Motivation" (Barbuto & Scholl, 1998, S. 1011–1022).

In ihrer Studie spielt der Ansatz der drei großen Motive ("Big Three") von David McClelland eine wichtige und zentrale Rolle. „Bei diesen Motiven handelt es sich um das Macht-, Zugehörigkeits- und Leistungsmotiv" (McClelland, 1984).

Im Gegensatz zu den statisch oder philosophisch ermittelten Motiven, kann dies als Beleg für die empirische Existenz dieser Motive gewertet werden. Barbuto und Scholl haben weitere Theorien ihrer Kollegen herangezogen. Dazu gehören die Ansätze von Frederick Herzberg (1968), Daniel Katz und Robert Kahn (1978) und Albert Bandura (1986). Die Autoren Barbuto und Scholl entwickeln und validieren, ausgehend von den Ansätzen, einen Test zur Messung der „5 Quellen der Motivation" mit einer Unabhängigkeitsanalyse. Der Test basiert auf Stichproben bei 156 Probanden und einem Pool von 60 Items, die vorher von Expertenurteile validiert wurden. Aus dem Studienergebnis, entstanden somit die folgenden fünf Motivationsquellen von Barbuto und Scholl: (Barbuto, 2005)

Abbildung 5: Quelle: Darstellung entnommen aus https://upload.wikimedia.org/ wikipedia/de/ 4/48/Quellen der_Motivation.png

Bei der Internalisierung von Zielen machen sich die Mitarbeitenden die Ziele des Unternehmens oder der Organisation zu Eigen. Jeder einzelne Mitarbeitende möchte seinen Beitrag zur Zielerreichung des Unternehmens leisten. Auch die Führung leistet mit einer fairen Behandlung der Mitarbeitenden einen enormen Beitrag zum Ziel. Die Verkaufsprofis wiederum strengen sich an, weil sie der Überzeugung sind, dass ihre Abteilung die wichtigste Funktion im Unternehmen zum Überleben auf dem Markt hat. Die Kombination aus Zugehörigkeits- und Leistungsmotiven ist hier im Spiel. (Ladgevardi, 2012, S. 240-241)

2.3.2 Intrinsische Motivation

Die intrinsische Motivation beschreibt das Bestreben, etwas aus eigenem Willen und etwas um seiner selbst zu tun (Bohinc, 2012, S. 113-114). Wir sind intrinsisch motiviert, wenn wir etwas geniessen können, wenn es uns Spass macht, unsere Interessen befriedigt oder es sogar eine Herausforderung darstellt. Einige der wichtigsten intrinsischen Motivatoren sind Erfolg, Anerkennung, Inhalt der Arbeit, Verantwortung, Vorwärtskommen und persönliche Entwicklung. So sind Schriftsteller bestrebt ihre eigenen Bücher zu verfassen und die Sänger wollen ihre eigenen Songs interpretieren.

Intrinsisch motivierten Personen sind Menschen, die etwas bewegen wollen und ein starkes Leistungsmotiv haben. Sie haben als Leitlinie ihres Handelns eine Idealvorstellung verinnerlicht, welche oft aus unbewussten Gründen hervorgerufen wird und meistens nicht mehr nachvollziehbar ist. (Bohinc, 2012, S. 113-114)

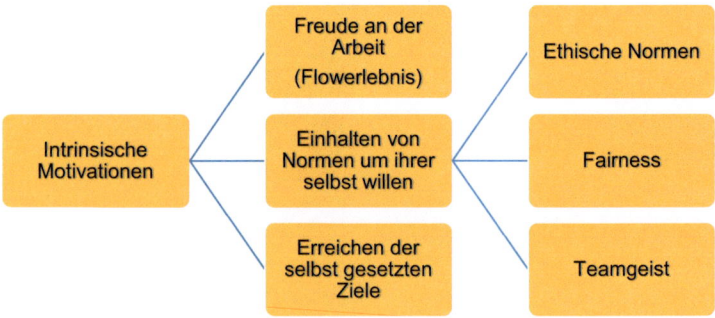

Abbildung 6: Quelle: Eigene Darstellung in Anlehnung an Reinhardt, 2012, S. 7

2.3.3 Extrinsische Motivation

Bei der extrinsischen Motivation steht der Wunsch im Vordergrund, eine Leistung zu erbringen, mit der Erwartung eine Belohnung zu erhalten oder weil sonst Nachteile entstehen, wie eine Bestrafung oder Abmahnung (Ladgevardi, 2012, S. 240-241). Das Motiv für das Handeln dieser Menschen, beruht auf die konkrete Belohnung oder Vorteile.

Wird nun die abgebildete Karotte, welche den Esel zum Tragen der Last motiviert durch eine attraktive Prämie, einen Bonus oder eine Beförderung ersetzt, haben wir extrinsische Motivatoren eingesetzt, welche den Mitarbeitenden zu Höchstleistungen anspornen (Bohinc, 2012, S. 113-114).

Abbildung 7: Quelle: Darstellung entnommen aus http://www.allmystery.de/i/tXIrbL6_1328 482754-donkey-carrot.jpg

Die Gegenüberstellung der „5 Quellen der Motivation" zeigt, dass es keinen richtigen oder falschen Weg zur Motivation gibt. Eine gute und gesunde Mischung der unterschiedlichen Motivationen führt zum eigentlichen Erfolg. Mitarbeitende, welche in einer Unternehmung Spitzenleistungen erbringen, deuten auf eine vorhandene und hohe Arbeitsmotivation hin. Solche Mitarbeitende üben ihre Tätigkeit mit „Herzblut" aus und sind von innen heraus motiviert. Das direkte Umfeld motiviert den Mitarbeitenden, wenn für die erbrachte Leistung die Führung ihre Anerkennung gegenüber dem Mitarbeitenden zeigt. (Barbuto, 1998, S. 1011–1022)

Bei der intrinsischen Motivation lässt sich die Person selbst beeinflussen. Diese Art von Motivation ist längerfristig und beständiger als im Vergleich zu der extrinsischen Motivation. Eine permanente Aufgabe ist für die Erfüllung der inneren Grundwerte äusserst wichtig. Die Motivation von innen heraus, spielt aus diesen Gründen bei der Selbstmotivation eine beachtliche

Rolle. Wenn es darum geht Personen zu motivieren, muss die extrinsische Motivation ebenfalls berücksichtigt werden. Kinder werden für die schulischen Leistungen mit einem „Extrabatzen" von Ihren Eltern belohnt und das Unternehmen bedankt sich mit einer attraktiven Prämie beim Mitarbeitenden für die erreichten Unternehmensziele. (Bohinc, 2012, S. 113-114)

3 Motivationsinstrumente

Es existieren zahlreiche Anreizsysteme mit denen das Arbeitsengagement der Mitarbeitenden verbessert und sogar gesteigert werden kann. Welche Massnahmen in einem Unternehmen zum Einsatz kommen, sollten gut überlegt sein. Die gewünschte Wirkung kann nur erzielt werden, wenn das entsprechende Instrument individuell auf die jeweiligen Situation, auf die einzelne Person oder entsprechende Gruppe zugeschnitten ist, denn auch bei gleicher Tätigkeit wird jeder Mitarbeitende unterschiedlich auf den Anreiz reagieren. (Kolb, 2008, S. 376)

3.1 Wirkung von Motivationsinstrumenten

Vermehrt wird die motivierende Wirkung materieller Anreize in Frage gestellt. In wie weit dies die Leistungsbereitschaft des Menschen beeinflusst, kann nicht dargelegt werden. Ob die extrinsische und intrinsische Motivation kombiniert oder eigenständig betrachtet werden muss steht zur Diskussion. Von aussen gesetzte Anreize, wie materielle Belohnung oder Androhung einer Strafe, wirken kontrollierend und führen zur Verdrängung der intrinsischen Motivation. Werden hingegen externe Instrumente herangezogen, welche die Bereitschaft zu einer Handlung in Form von vergrösserten Entscheidungsspielräumen fördern, wird sich positiv auf die intrinsische Motivation auswirken. (Ridder, 2009, S. 273-276)

Mitarbeitende, welche die Bedeutung der zugeteilten Arbeit kennen und diese auch als sinnvoll erachten, sind motiviert und zufrieden. Herausforderungen werden mit Begeisterung angenommen und führen zum gewünschten Ziel. Demnach heisst es für die Führung von Mitarbeitenden, motivieren, kommunizieren und Verantwortung einräumen, anstelle von anweisen, festlegen oder kommandieren. (Kempe & Kramer, 1993, S. 9)

Neuere Untersuchungen zeigen, dass die Instrumente parallel eingesetzt, die Motivation der Mitarbeitenden wechselseitig beeinflussen und somit verstärken. Eine gesunde Kombination von Massnahmen, wie das Anstreben einer gerechten Entlohnung, eine interessante Arbeitsinhaltsgestaltung sowie das Einsetzen von Instrumenten zur Ressourcenzuteilung und Leistungssteuerung, wird Vertrauen und Transparenz schaffen und ist zu empfehlen. (Sobe, 2012, S. 101)

Es wird deutlich, dass eine Verknüpfung beider Motivationsformen unabdingbar ist. Setzung von extrinsische und intrinsische Anreizen, wird sich positiv auf die Mitarbeitenden ausüben und ihnen zum Erbringen von Höchstleistungen verhelfen. (Comelli & von Rosenstiel, 2009, S. 11)

3.2 Grenzen der Arbeitsmotivation

Die Mitarbeitenden haben unterschiedliche Ziele und Anreize, welche je nach Präferenz individuell verfolgt werden. Entsprechend gibt es auch unzählige Anreize, welche durch die Unternehmungen gesetzt werden können. Es darf nicht ausser Acht gelassen werden, dass die eingesetzten Anreize, wenn diese im Übermass erfolgen zu einer Selbstverständlichkeit führen und den ursprünglichen Nutzen verlieren. (Sobe, 2012, S. 111)

Die Leistung der Mitarbeitenden kann nicht ins Unermessliche gesteigert werden. Im Gegenteil, ist die Leistungsobergrenze erreicht, hilft auch die stärkste Motivation nicht mehr. Diese Art von Überreizung zeigt sich dann in extremem Arbeitseifer und besonders starkem Interesse, bringt aber Begleiterscheinungen wie Hektik und Nervosität mit sich, welche wiederum zu Fehlern und voreiligen Entscheidungen führen können. Es wird deutlich, dass enormer Leistungswille und hoher Einsatz seitens des Mitarbeitenden nicht gleichzeitig sehr gute Leistung bedeuten. (von Rosenstiel, 2010, S. 90-92)

4 Beeinflussung der Arbeitsmotivation durch die Führungskräfte

In den letzten Jahren hat ein solides Umdenken stattgefunden. Die Unternehmungen haben ihre Mitarbeitenden als wertvollstes Gut entdeckt. Umfragen und Zufriedenheit der Mitarbeitenden sind heute für jede Unternehmung ein wichtiges Leitziel, welches positiv resultieren soll. Doch wie wird heute geführt? Wie können Führungskräfte die Mitarbeitenden motivieren? Einer der wesentlichen Punkten ist es, die emotionale Ebene des Menschen zu kennen, sprich wer das limbische System in unserem Kopf versteht, wird wissen wie seine Mitarbeitende funktionieren und in gewissen Situationen reagieren. Das limbische System ist eine Funktionseinheit des Gehirns, welche der Verarbeitung von Emotionen und der Entstehung von Triebverhalten dient. (Seger, 2003, S. 18)

Die Hay Group und das Online-Jobportal StepStone führt 2012 eine repräsentative Umfrage zur Arbeitsmotivation bei mehr als 18`000 Arbeitnehmenden durch und kann folgendes Ergebnis manifestieren:

> Wichtiger als Geld sind für die Motivation weiche Faktoren wie ein kollegiales Arbeitsumfeld und ein erfüllender Job. Ein angemessenes Gehalt findet sich erst auf Platz drei

der Motivatoren. Dicht darauf folgen weitere weiche Faktoren wie eine gute Führungskraft und genügend Entscheidungsfreiräume im Job. (Hay Group, 2012)

Um die Mitarbeitenden in einem Unternehmen zu mehr Leistung zu motivieren (anzuspornen), muss das Unternehmen nicht zwingend monetäre Mittel in die Hand nehmen. Entgegen mehrheitlichen Vermutungen, ist den Mitarbeitenden die Zufriedenheit bei der Arbeit wichtiger, als die entsprechende Entlohnung.

Bei der oben erwähnten Befragung der 18'000 Arbeitnehmenden kristallisierte sich heraus, dass oftmals folgende Gründe für einen Jobwechsel ausschlaggebend waren:

- unbefriedigende Tätigkeit
- ein vorhandenes schlechtes Arbeitsklima
- eine mangelnde Führungskraft

Durch kompetente Führungskräfte und Investitionen in ein positives Arbeitsumfeld, wird in der Regel bei den meisten Mitarbeiter bezüglich Motivation mehr erreicht als vermutet. (Hay Group, 2012)

Abbildung 8: Quelle: Darstellung entnommen aus Hay Group (2012), Was würde Mitarbeiter am ehesten zur Kündigung bewegen? Verfügbar unter http://www.haygroup.com/downloads/de/Mitarbeiter_sind_kauflich_Ihre_Motivation_nicht.pdf

Eine Gallup-Umfrage aus dem Jahr 2010 zeigt auf, dass die sogenannten Mindestleister oder Low Performer total 66% der Mitarbeitenden ausmachen. Genau diese Mitarbeitenden verrichten den Dienst nach Vorschrift und spüren gegenüber ihren Arbeitgebern keine Verpflichtungen. In diesen Fällen sind die Ursachen in der Regel beim direkten Vorgesetzten zu suchen, denn es fehlt im Normalfall an Förderung, Feedback und Lob. Warum die einst passenden und souverän eingearbeiteten Mitarbeitenden ihr Engagement verloren haben, kann unter anderem mit den vielen Umstrukturierungen und Fusionen der Firmen erklärt werden. Fehlende oder falsche Kommunikation lösen in den Mitarbeitenden Unsicherheiten aus. Sie kennen die Erwartungen nicht und können diese nicht mehr gezielt erfüllen. Für die Unternehmung ist sinnvoll die Leistungsschwund der Mitarbeitenden unverzüglich zu hinterfragen. Neues Personal einzustellen wird betriebswirtschaftlich selten günstiger sein, als sich dem frustrierten Mitarbeitenden anzunehmen und mittels offener Kommunikation seine Leistung und Motivation wieder anzuspornen. Gute Führungskräfte kennen die Fähigkeiten ihrer Mitarbeitenden und setzen diese gezielt ein. Sie erkennen und reagieren bei einem Leistungstief schnell. Sie werden gemeinsam mit dem Mitarbeitenden die Ursachen ergründen und die entsprechende Lösung erarbeiten. (Hockling, 2011)

Viele Motivationsstudien schockieren mit dem Vorschlag zur Motivationssteigerung, dass Manager und Führungspersonen auf einen direkten Führungsstil setzen sollen. Studienautoren empfehlen deshalb unterschiedliche Führungsstile anzuwenden, vor allem da der direkte Führungsstil gerade bei den jüngeren Mitarbeitenden die Motivation killt. Nach Schröder (2013) eignet sich am besten eine Ergänzung „um visionäre, partizipative, den Zusammenhalt fördernde und coachende Führungsstile" (Schröder, 2013).

Letztendlich ist es auch nahezu der Inhalt allen am Markt angebotenen Führungstrainings. Dabei stehen die folgenden Themen im Mittelpunkt: (Schröder, 2013)

- Soft Skills statt Fachwissen
- Mitarbeitende mit Emotionen führen
- Führung hat im Wesentlichen mit Kommunikation zu tun
- Situatives Führungsverhalten
- Leadership statt Management

4.1 Erkennen der verschiedenen Motivationen

Jeder Mitarbeitende ist ein Individuum, das heisst um jeden Mitarbeitenden gezielt zu motivieren, müssen wir vorab seine Persönlichkeit, sein Typ und seine Ziele kennen. Wenn die Grundthematik der intrinsischer und extrinsischer, sowie die aufgaben- und kontextorientierten Motivation kombiniert wird, ergeben sich vier Motivationstypen. (von Kanitz, 2015, S. 98)

Abbildung 9: Eigene Darstellung in Anlehnung an von Kanitz, 2015, S. 99

Oftmals erfolgt die Lösung aus einer psychologischen oder ökonomischen Perspektive. Primär stellen die Vertreter der psychologischen Perspektive auf intrinsische Anreize ab und die Vertreter der ökonomischen Perspektive setzen auf die Indizierung der extrinsischen Motivation, mit der Empfehlung der Steuerung auf Basis extrinsischer Anreize (Spelsiek, 2015, Seite 3). Dabei besteht die Arbeit in der Kernproblemstellung darin, die Ausarbeitung der Lösung des Motivationsproblems bei der Bedeutung intrinsischer und extrinsischer Motivation, um Ansatzpunkte für den Wissenstransfer der motivationsorientierten Steuerung abzuleiten. Dabei ist fraglich, in welcher Kombination der Anreizsystemgestaltung und welche Motivationsinstrumente eingesetzt werden sollten, um die Mitarbeitenden gezielt zum Transfer des eigenen persönlichen Wissens zu motivieren. (Spelsiek, 2015, S. 3)

Dabei ist es wichtig bei der Anreizsystemgestaltung, die personelle und situative Spezifikation zu beachten. Die grosse Herausforderung besteht darin, zwischen einer organisationstheoretischen und einer verhaltenswissenschaftlichen einen Brückenschlag herzustellen, um eine verhaltenswissenschaftliche Gestaltungsempfehlung ableiten zu können, für die motivationsorientierte Steuerung des Wissensverhaltens. In der Theorie und Praxis bleiben in vielen Fällen diese Anforderungen unberücksichtigt, was zu vermeintlicher Patentrezepte Anwendung führt, die die intendierte Motivations-, Systemsteuerung entfalten lässt und vielmals konterproduktiv sind. (Spelsiek, 2015, S. 3)

4.2 Steuerung der intrinsischen Motivation

Es ist eine Kunst die richtige Motivation bei den Mitarbeitenden im Unternehmen zu erzeugen. Motivation sollte in erster Linie dem Unternehmen dienen und kein Selbstzweck sein. Um irgendeine intrinsische Motivation im Unternehmen zu erzeugen benötigt die Führungskraft Geduld und Biss, denn es geht nicht um Bergsteigen oder um das Sammeln von Bierdeckeln, sondern es geht dabei um die Steuerung der Mitarbeitenden zu einer koordinierten Leistung. Eine wichtige Aufgabe dabei ist, eine inhaltliche geeignete Motivation zu erzeugen und diese zwischen den Mitarbeitenden abzustimmen. Wenn dies nicht gelingt, tritt auch nicht wie erwartet der Verdrängungseffekt ein. Sollte dies eintreten, müssen die Vorteile der intrinsischen Motivation ausser Acht gelassen werden. Aber wenn schon vorher in Richtung der Unternehmensziele eine intrinsische Motivation bestanden hat, können sich die Eingriffe negativ auswirken. Folgende zwei Punkte sind in diesem Kontext von Bedeutung. (Frey & Osterloh, 2015)

- Das Erzeugen der richtigen intrinsischen Motivation ist schwer zu induzieren
- extrinsische Motivation darf nie vernachlässigt werden

Wenn das Handlungsziel mit dem Handeln gleichthematisch ist, erst dann entsteht intrinsische Motivation. Der empfundene subjektive Unterschied zwischen Arbeit und Spiel verschwindet nur dann, wenn bei der Aktivität der Fluss selbst freudigen Genuss hervorruft. (Csikszentmihalyi, 1993, S. 58-81)

Fazit ist, dass erst bei einer thematischen Übereinstimmung und keineswegs nur schon beim Handlungsziel oder bei der Selbstbestimmtheit des Handelns die intrinsische Motivation eintritt. Die intrinsische Motivation kann auch unerwünschte oder moralische Inhalte haben. Historische Erfahrungen der Vergangenheit zeigen, dass die schlimmsten Verbrechen oft intrinsisch motiviert waren. Die Herrscher Stalin und Hitler können wir hier als schreckliches Beispiel nennen. Die Rachsucht, der Neid und der Geltungstrieb sind gleichermassen und nicht weniger intrinsisch motiviert als Liebe, Pflichtbewusstsein und Altruismus. In einem Unternehmen werden auch unerwünschte emotionale Konflikte gezügelt, wenn am materiellen Entgelt ein gemeinsames Interesse besteht. Diese instrumentellen Wünsche können ausserhalb der Unternehmung für ein Hobby eingesetzt werden und Befriedigung geben. Konflikte werden in ihrer Bedeutung relativiert, aber nicht gelöst. (Frey, 1990)

Intrinsische Motivation kann sogar durch Belohnungen erzeugt werden. Wenn aus einem Kompetenzerleben und einer Selbstbestimmung eine Verbindung aus der intrinsischen Motivation entsteht und dies positives Flusserleben fördert, kann eine Belohnung dazu beitragen, dass eine Überforderung und unvertraut empfundene Arbeit oder Aufgabe überhaupt angegangen wird. Ein Kompetenzerleben kann sich im Laufe der Ausführung einstellen, was die intrinsische Motivation fördert. Diese versteckten Gewinne der unzureichender Belohnung sind die Parallele zu den „verborgenen Kosten der Belohnung" (Lahne, 1991, S. 23-24). Da diese aber nicht symmetrisch sind, wird die Arbeitsmoral statt aufgebaut, viel leichter zerstört. Die Schwierigkeit ist, nicht mehr zu tun als überhaupt nötig ist. Deshalb wird eine durch Gratifikation oder Belohnung erzeugte intrinsische Motivation am falschen Platz nicht wieder untergraben. Das erfordert mit Fingerspitzengefühl eine nicht alltägliche Erziehungskunst. (Heckhausen, 1989, S. 261)

Folgende Tabellen zeigen wie intrinsische Motivationen ausgelöst und gefördert werden:

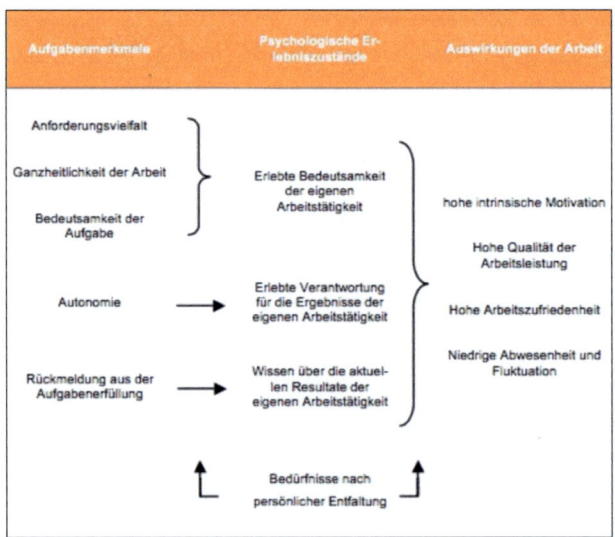

Abbildung 10: Quelle: Darstellung entnommen aus Gesundheitsförderung Schweiz, Zugriff am 01.09.2015. Verfügbar unter http://companion-web.ch/fileadmin/user_upload/materialien/04_motivation-leistung.pdf

Anforderungsvielfalt	• der richtige Einsatz von Mitarbeitenden entsprechend bestehender Fähigkeiten und Interessen • Tätigkeiten, die für den Mitarbeitenden eine machbare Herausforderung darstellen (Steigerung der Arbeitsmenge) • Förderung und Bildung der Mitarbeitenden (Personalentwicklung), damit diese auch für künftige Veränderungen in den Anforderungen ihrer Arbeit gewappnet sind
Ganzheitlichkeit der Arbeit	• vielfältige Aufgabenstellungen, die aus Sicht des Mitarbeitenden sinnvoll erledigt werden können
Bedeutsamkeit der Aufgabe	• Partizipation an Entscheidungsprozessen und damit tendenziell eher kooperative Führungsstile
Autonomie	• zunehmende Übertragung von Verantwortung und Gewährung von Freiräumen
Rückmeldung aus der Tätigkeit	• Erkennbarkeit der eigenen Leistung • Erhalt von Rückmeldungen (konstruktive Feedbackkultur leben)

Abbildung 11: Quelle: Eigene Darstellung in Anlehnung an Gesundheitsförderung Schweiz, Zugriff am 01.09.2015. Verfügbar unter http://companion-web.ch/fileadmin/user_upload/materialien/04_motivation-leistung.pdf

4.3 Zusammenhang von Zufriedenheit, Leistung und Motivation

Oft wird dargestellt, dass Motivation durch Zufriedenheit entsteht und dementsprechend direkt mit der Arbeitsleistung der Mitarbeitenden steht. Allerdings wurde diese These vielfach widerlegt, dass ein zufriedener Mitarbeitender, gleichzeitig ein leistungsfähiger Mitarbeitender ist. (Scheffer & Kuhl, 2006, S. 51f.)

Zufriedenheit und Leistung sind als autonome, gleichgestellte Absichten zu betrachten. Die Wechselwirkung zwischen diesen Faktoren ist zwingend zu beobachten. Um Leistung und Zufriedenheit überhaupt verständlich und messbar zu machen, müssen Führungskräfte genaue Ziel- und Leistungsvorgaben manifestieren. Fehlen diese Vorgaben, werden die Mitarbeitenden ihr eigenes Leistungsniveau festlegen. (von Rosenstiel, 2010, S. 94)

In den Unternehmungen herrschen gewisse Rangordnungen. Führungspersönlichkeiten nutzen dabei oft den Führungsstil der Befehlsgewalt, um einen gewissen Druck auf die Belegschaft auszuüben. (Sobe, 2012, S. 119)

Der sogenannte „Führungsbusen" verdeutlicht, dass hohe Leistung mal mit Zufriedenheit, mal mit Unzufriedenheit verbunden ist. Die Zufriedenheit des Mitarbeitenden wird mit steigendem Druck durch die Organisation sinken, die Leistung wird aber nicht geringer werden. Gibt es keinen Druck, steigt zwar die Zufriedenheit, jedoch nicht die Leistung, wenn beispielsweise klare Ziele fehlen. Wird der Mitarbeitende einem leichtem Druck ausgesetzt, wie beispielsweise durch Wettbewerb unter Mitarbeitende oder durch Zielvereinbarungen, ist Leistungssteigerung erkennbar. Wird jedoch der Druck sehr stark, sinkt die Leistung wieder, beispielsweise als Abwehrreaktion. (von Rosenstiel, 2010, S. 95 f.)

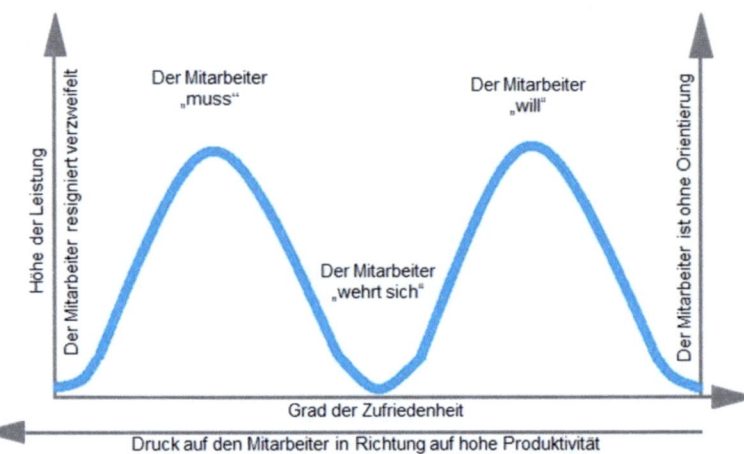

Abbildung 12: Quelle: Darstellung entnommen aus Comelli & von Rosenstiel, 2009, S. 41

Es wird deutlich, dass die Anreizsetzung von aussen ein ungeeigneter Ausgangspunkt ist, um seine Mitarbeitende nachhaltig zu motivieren. Der Effekt der intrinsischen Motivbefriedigung ist hingegen von längerer Dauer als die Wirkung der extrinsischen Motiverfüllung und ist von hohem Stellenwert für das Arbeitsverhalten und die Arbeitsleistung. Die intrinsische Motivation eignet sich folglich ideal um seine Mitarbeitende nachhaltig zu motivieren. (Comelli & von Rosenstiel, 2009, S. 11)

5 Auswertung

Das Thema Motivation ist in der Literatur sehr präsent und breit gefächert. Ob zum Thema Arbeits-, Mitarbeiter- oder Selbstmotivation es gibt kaum einen Bereich, welcher nicht erforscht und durch Studien belegt oder widerlegt wurde. Erstaunlicherweise sind sich jedoch in einem Punkt alle einig: jeder Handlung geht eine Motivation voraus. Ob dies im negativen oder positiven Sinn gewichtet wird, spielt im Grundsatz keine Rolle. Interessanterweise bedienen sich die Unternehmungen erst seit einigen Jahren dieser Erkenntnis. Es werden neue Führungsstile gelebt und eingesetzt. Der autoritäre Führungsstil wird vermehrt durch den kooperativen Führungsstil abgelöst. Die Führungsetage möchte neu ihre Mitarbeitenden coachen und dementsprechend motivieren und nicht mittels Befehlen degradieren respektive demotivieren.

Wichtig bleibt der Aspekt, dass die Bedürfnisse, Ziele und Anreize als Ganzes betrachtet werden müssen. Eine alleinige Betrachtung der jeweiligen Bereiche wird die Ergebnisse verfälschen und nicht zielführend sein.

Grundlegend kann ich aus meiner Perspektive die erste Forschungsfrage „sind Mitarbeitende mittels intrinsischer Motivatoren positiv beeinflussbar?" bestätigen. Jeder Mitarbeitende ist intrinsisch motivierbar, sofern wir als Führungskräfte das entsprechende Umfeld erzeugen und die Mitarbeitenden soweit coachen, dass sie Sinn und Ziel ihrer Tätigkeit selber erkennen, denn nur wer seine Bedürfnisse selber erkennt, wird diese auch gezielt verfolgen und von sich aus befriedigen wollen.

Meine zweite Forschungsfrage nach dem geeigneten Führungsinstrument, kann ich nur teilweise positiv beantworten. Es wäre wirklich ein Einfaches sich der intrinsischen Motivation zu bedienen und nur engagierte Mitarbeitende zu führen. Eine gesunde Kombination von unterschiedlichen Motivatoren ist grundlegend und unerlässlich. Meine Beobachtungen und Erfahrungen führen mich jedoch zu der These, dass in vielen Firmen durch strikte Unternehmensstrukturen und den festgelegten Führungsgrundsätzen, die Kompetenzen und Tätigkeiten der Mitarbeitenden so stark eingeschränkt werden, dass vermutet werden kann, dass engagierte Mitarbeitende in den Unternehmen gar nicht gewünscht sind.

Trotzdem bin ich der Überzeugung, dass meine zu Anfangs aufgestellte Hypothese „gezieltes fördern der Intrinsischen Motivation verhilft Führungskräfte zu engagierten Mitarbeitenden", wenn diese gezielt eingesetzt und verfolgt wird, eine gesunde und zielstrebige Unternehmenskultur auslösen kann.

6 Fazit

In der vorliegenden Semesterarbeit steht die intrinsische Motivation der Mitarbeitenden im Fokus. Während meiner Arbeit wurde mir verdeutlicht, dass in erster Linie die Führungskräfte als Leaders die Funktion von kompetenten Bezugspersonen für die Mitarbeitenden einnehmen und ihnen Anerkennung und Wertschätzung entgegen bringen müssen. Mit einer gesunden Feedbackkultur werden genau diese wesentlichen Punkte der intrinsischen Motivation gelebt. Die Mitarbeitenden empfinden die Wertschätzung und Anerkennung, als wertvollen Input für ihr Selbstwertgefühl. Materielle und monetäre Anreize motivieren nur über eine kurze Zeitdauer und können eine persönliche Entfaltung und Entwicklung nicht ersetzen.

Es ist wichtig, dass wir unter der Motivation der Mitarbeitenden auch die Motivation verstehen, welche die Mitarbeitenden motiviert, die Tätigkeiten von sich aus zu leisten und auszuführen. Tätigkeiten oder Aufgaben sind auf die unterschiedlichen Fähigkeiten und Kenntnisse der Mitarbeitenden abzustellen, das heisst sie dürfen nicht überfordert werden, sondern die Aufgabe soll sie fordern und an den Aufgaben sollen die Mitarbeitenden auch wachsen. Die Mitarbeitende, welche eine Aufgabe oder Dienstleistung erfüllen müssen ohne den eigentlichen Sinn dahinter zu verstehen, werden die Bedeutung ihrer Arbeit und ihren Beitrag zu den Zielen des Unternehmens nicht erkennen und auch nicht verstehen. Somit ist es ein wichtiger Aspekt die Bedeutsamkeit der Aufgabe als Führungskraft jederzeit zu veranschaulichen und die Ziele zu identifizieren und in Kongruenz zu bringen. Auch die Übertragung von Verantwortung ist ein wichtiger Punkt, welcher nicht unterschätzt werden darf.

Wer seine bereits motivierten Mitarbeitenden stärkt, ihnen das ideale Umfeld zur Entfaltung der intrinsischen Motivation ermöglicht, wird mit seinem Team den Flow Effekt erzeugen und Grosses leisten. Selbstverständlich müssen wir die Kombination der unterschiedlichen Motivatoren beachten, denn nicht jeder Mitarbeitende kann identisch motiviert werden. Jeder Motivationstyp benötigt die entsprechenden Anreize, egal ob sich diese auf der Basis der intrinsischen oder extrinsischen Motivation beruhen.

Selbstverständlich ist es nicht immer einfach die intrinsische Motivation als Führungsinstrument einzusetzen. Es bedarf einer enormen Portion Mut, diese Haltung authentisch vorzuleben und auch gegenüber den gesetzten Unternehmensstrategien und bereits vorhandenen Führungsinstrumenten zu „verteidigen", da diese Art von Führungsinstrument noch in vielen Unternehmungen zuwider läuft. Vor allem in der heutigen Gesellschaft, in welcher Zeit gleich Geld ist und ein grosser Teil der Mitarbeitende nach dem Motto „his master's voice" arbeitet, sollten sich die Führungskräfte der Bedeutsamkeit der intrinsischen Motivation bewusst werden. Oft könnten unbefriedigende Unternehmenskultur, innere Kündigung der Mitarbeitende und Fluktuation verhindert werden, indem der Personalführung mehr Bedeutung zuteilwerden würde.

Genau in diesem Punkt festige ich meine neue Fragestellung, ob unsere heutigen Führungsfachkräfte bessere Fachspezialisten mit ein bisschen Führungserfahrung oder besser geschulte Führungsfachkräfte mit ein bisschen Fach-Know-how sein sollten.

Ich persönlich finde es sehr wichtig die Mitarbeitenden jeden Tag auf ein Neues zu erleben, mich gemeinsam mit ihnen neu inspirieren zu lassen und sich gegenseitig von Tag zu Tag neu zu motivieren. Nach dem Motto *„Choose your Attitude"* habe ich jeden Tag die Entscheidungswahl, wie ich meine Aufgaben und Tätigkeiten meistern möchte.

Quellenverzeichnis

Barbuto, J. E., & Scholl R. W., (1998), Motivation sources inventory: development and validation of new scales to measure an integrative taxonomy of motivation. In Psychological Reports, S. 1011–1022

Barbuto, J. E., (2005). Motivation and transactional, charismatic, and transformational leadership: a test of antecendents. In: Journal of Leadership and Organizational Studies. 2005

Bohinc, T., (2012). Führung im Projekt, Springer Verlag, Seite 113-114

Comelli G., & von Rosenstiel L., (2009). Führung durch Motivation, 4. Auflage, München 2009, S. 11, S.20, S. 41

Credé, M., Chernyshenko, O. S., Bagraim, J., & Sully, M. (2009). Contextual performance and the job satisfaction – dissatisfaction distinction: Examining artifacts and utility. Human Per-for-mance, 22, 246 – 272

Csikszentmihalyi, M., (1993). Das Flow-Erlebnis. Jenseits von Angst und Langeweile: Im Tun aufgehen. 5. Auflage, Stuttgart 1993, S. 58-81

Frey, B. S. & Osterloh, M., (2015). Sanktionen oder Seelenmassage? Motivationale Grundlagen der Unternehmensführung, Zugriff am 01.01.2015, Verfügbar unter http://webcache.googleusercontent.com/search?q=cache:dNk2O7FuCLcJ:https://www.uzh.ch/iou/orga/ssl-dir/wiki/uploads/MasterkursInnovationsmanagementFriedrichshafenCME/L6.pdf+&cd=1&hl=de&ct=clnk&gl=ch

Frey, B. S., (1990). Ökonomie ist Sozialwissenschaft. Die Anwendung der Ökonomie auf neue Gebiete. München 1990

Haarhaus B., (2015). http://arbeitszufriedenheit.net/herzbergs-zwei-faktoren-theorie/

Hay Group, (2012). Zugriff am 02.09.2015. Verfügbar unter http://www.haygroup.com/downloads/de/Mitarbeiter_sind_kauflich_Ihre_Motivation_nicht.pdf

Heckhausen, H. & Heckhausen J. (2006). Motivation und Handeln (3., überarb. und akt. Aufl.). Berlin: Springer Verlag

Heckhausen, H., (1989). Motivation und Handeln, 2. Auflage, Berlin u.a. 1989, S. 261

Herzberg, F., Mausner, B., & Snyderman, B., (1959), The Motivation to Work. New York, NY: Wiley

Hockling, S., (2011). Innerlich bereits gekündigt, Zugriff am 10.09.2015. Verfügbar unter http://www.zeit.de/karriere/beruf/2011-01/frustrierte-mitarbeiter

House, R. J., & Wigdor, L. A., (1967). Herzberg's dualfactor theory of job satisfaction and motivation: A review of the evidence and a criticism. Personnel Psychology, 20, 369 – 390

Jung H. (2008). Personalwirtschaft, 8. Auflage, München 2008, S. 367

Kam, C. C. S., & Meyer, J. P., (2015). How Careless Responding and Acquiescence Response Bias Can Influence Construct Dimensionality, The Case of Job Satisfaction

Kempe H.-J., & Kramer R., (1993). Mitarbeiter Motivation, Bergisch Gladbach 1993, S.9

Kolb, M., (2008). Personalmanagement, Wiesbaden 2008, S. 376

Ladgevardi, R., (2012). Bewusstsein und Wahrnehmung, Books on Demand, Seite 240-241

Lane, R. E., (1991). The Market Experience. Cambridge 1991, S. 23-24

McClelland, D. C., (1984). Human Motivation. Cambridge 1984

Olbert-Boc, S., (2009). KMU-Magazin Nr. 6, Juli/August 2009, Verfügbar unter https://www.fhsg.ch/fhs.nsf/files/iqb_Publikationen_2009_Intrinsische%20Motivation%20wirkt%20st%C3%A4rker%20als%20variabler%20leistungsorientierter%20Lohn%20-%20KMU-Maga-zin/$FILE/09Juni_Artikel_Intrinsische%20Motivation%20wirkt%20st%C3%A4rker%20als%20variabler%20leistungsorientierter%20Lohn.%20KMU-Magazin.OLS.pdf

Reinhardt, A., (2012), Von der Motivationstheorie zur Motivationspraxis - Begriffe und Modelle, Grin Verlag, Seite 7

Rheinber, F. & Vollmeyer, R. (2012). Grundriss der Psychologie Band 6, Motivation, Kohlhammer Urban Taschenbücher, S. 11-12

Ridder, H.G., (2009). Personalwirtschaftslehre, 3. Auflage, Stuttgart 2009, S. 273-276

Scheffer, D., & Kuhl, J., (2006). Erfolgreich Motivieren, Hogrefe Verlag, S. 51f

Schierenbeck, H.,(1999). Grundzüge der Betriebswirtschaftslehre, Oldenbourg Verlag

Schröder, W., (2013). Zugriff am 28.08.2015. Verfügbar unter http://www.business-wissen.de/artikel/mitarbeitermotivation-das-problem-mit-den-fuehrungsstilen/

Seger, C.,(2003). Havard Business Manager, April 2003, S.18

Sobe, N., (2011). Wege zur Mitarbeitermotivation, Tectum Verlag, Band 10, S.59-61, S.96-103, Seite 111-113

Spelsiek, J., (2015). Motivationsorientierte Steuerung des Wissenstransferverhaltens, Deutscher Universitätsverlag, Seite 3-4

Sprenger, R., (2014). Mythos Motivation, Wege aus einer Sackgasse, Campus Verlag

Ulrich, B., (2013). Zugriff am 15.08.2015. Verfügbar unter http://www.moderator-workshop.at/motivation-nach-r-k-sprenger.html

Von Kanitz, A., (2015). Mitarbeitertypen und wie Sie mit ihnen zusammenarbeiten, Haufe Taschenbuchverlag (1.Auflage, S.98-99)

von Rosenstiel L., (2010). Motivation im Betrieb, 11. Auflage, Leonberg 2010, S.8, S. 90-95f

von Rosenstiel L., Regnet E., & Domsch M., (2003). Führen von Mitarbeitern, 5. Auflage, Stuttgart 2003

Vroom, V., (1964). Work and motivation, New York, NY, Wiley

Werth L., (2010). Psychologie für die Wirtschaft, Spektrum Akademischer Verlag, S.191-192

wfv-werkstatt, (2014). Zugriff am 05.08.2015. Verfügbar unter http://www.erfolgs-werkstatt.de/html/motivation-1.html

Herstellung und Verlag:
BoD - Books on Demand, Norderstedt
ISBN 978-3-7412-6598-3